Rosa Margarida de Carvalho Rocha

A valorização do povo negro no cotidiano da vida escolar

MANUAL DO PROFESSOR

MAZZA
edições

2ª edição – 2011

Coordenação
Rosa Margarida de Carvalho Rocha e Cristina Agostinho

Diagramação e composição eletrônica
Tânia Maria dos Passos Silva e Carmelita Andrade

Capa
Ana Raquel

Revisão
Ana Emília de Carvalho

Impressão e acabamento
Yangraf Gráfica e Editora

Dados Internacionais de Catalogação na Publicação (CIP)

Rocha, Rosa Margarida de Carvalho.
R672a Alfabeto Negro / Rosa Margarida de Carvalho Rocha e Cristina Agostinho; ilustrado por Ana Raquel. – 2 ed. – Belo Horizonte : Mazza Edições, 2011.

20p. : il.; 28cm.

1. Ensino – Pedagógico-lúdico. I. Agostinho, Cristina. II. Ana Raquel ilust. III. Título.

CDD 371
CDU 373

Mazza Edições Ltda.
Rua Bragança, 101 – Bairro Pompeia – *Telefax:* (31) 3481-0591
30280-410 Belo Horizonte – MG
E-mail: edmazza@uai.com.br

Colega Professor (a)

Sabemos do importante papel que a escola deve representar na luta contra o racismo e pela superação de todas as formas de discriminação e exclusão social. O conhecimento e a valorização da cultura negra devem ser instrumentos para a construção de uma prática pedagógica comprometida com o resgate da cidadania plena para todos.

Muitos são os caminhos a percorrer. Um projeto pedagógico lúdico e prazeroso de conhecimento da cultura negra que possibilite pesquisas, debates, reflexões e discussões é um caminho viável em sala de aula.

Desejamos que, em sua escola, o trabalho com o "Alfabeto Negro" possa contribuir para a formação integral dos alunos, elevando a autoestima do alunado negro e promovendo, entre todos, a sensibilização quanto à prática do respeito e da valorização da pessoa humana.

Esperamos que você se identifique com as sugestões de atividades que agora lhe apresentamos. Elas foram elaboradas pensando em sua realidade de trabalho. Sinceramente, desejamos que, com sua intermediação crítica, dinâmica e competente, elas possam ser um sucesso e ajudá-lo(a) em seu fazer pedagógico.

Sucesso!

Rosa Margarida de Carvalho Rocha

ALFABETO NEGRO

Sugestões de Atividades

O "Alfabeto Negro" abre possibilidades para uma ação pedagógica voltada para a aprendizagem significativa, tendo como referência a cultura negra.

Várias são as possibilidades de abordagem. Abaixo seguem algumas sugestões. Elas poderão ser adaptadas, ampliadas ou reelaboradas, tendo como base a faixa etária e o grau de ensino a que se destinam.

Este estudo poderá transformar-se em um projeto de trabalho que promova uma interdisciplinaridade no tratamento do tema.

Como iniciar o trabalho?

O primeiro momento de contato com o material deverá ser mágico, lúdico, cheio de prazer.

É o momento especial de sensibilização dos alunos para o projeto de trabalho.

Conhecer o livro. . . folheá-lo. . .

Analisar a capa, o material, as palavras. . .

Discutir sobre o título, o autor, a editora.

O(a) professor(a) poderá dividir a turma em grupos e pedir que cada grupo apresente para a sala a sua primeira impressão sobre o material. Poderá direcionar as reflexões do grupo com perguntas sobre o título, a forma de agrupamento das palavras, etc.

Em um segundo momento o professor poderá propor o "jogo da mímica". Cada grupo escolherá cinco palavras do "Alfabeto Negro", apresentando-as para a turma em forma de mímica. Ganha o jogo o grupo que conseguir adivinhar o maior número de palavras.

Sugestões de Atividades:

Interação Disciplinar

1 – Português

Poderá ser um momento rico para trabalhar a linguagem oral, dando oportunidade aos alunos de se expressarem livremente, organizando suas ideias, desenvolvendo o hábito de ouvir.

A prática de leitura será contemplada com consultas ao dicionário, interpretações e extrapolações de ideias que, certamente, criarão inúmeras possibilidades de produção de textos diferenciados.

Sugestões:

- Trabalhar com jogos e brincadeiras a ortografia das palavras que apresentem maiores dificuldades.
  (Veja sugestões.)
- Trabalhar o significado das palavras. Montar um pequeno dicionário.
- Fazer lista das palavras, relacionando-as gramaticalmente (adjetivos, substantivos, verbos).
- Selecionar grupos de palavras de acordo com o tema a que se relacionam para a produção de poemas, paródias, *raps*, acrósticos, jograis, músicas, etc.
- Produzir o livro da sala ou o seu próprio livro, que poderá ser: o "Alfabeto de nossa sala", o "Alfabeto de nossa Comunidade"; o "Alfabeto do Brasil", ou de acordo com as sugestões dos próprios alunos.
- Propor aos alunos, depois de pesquisas, enquetes e entrevistas, completar a lista, acrescentando mais duas palavras a cada letra do "Alfabeto Negro". Os alunos poderão sugerir palavras ou nomes de pessoas ligadas à sua realidade e outros que eles acharem importantes serem lembrados.

2 – Geografia/História

Vários conteúdos destas disciplinas poderão ser enfocados por meio das palavras tiradas do "Alfabeto Negro". A afrodescendência dos brasileiros, as reais contribuições do povo negro na construção do País, a trajetória de luta e resistência ao escravismo, o período pós-abolição até os dias atuais, as lutas antirracistas, o espaço geográfico e o processo histórico são alguns exemplos.

Sugestões:

- Pesquisar e montar um mural apresentando a biografia (ilustrada, se possível) das personalidades citadas no "Alfabeto Negro".
- Listar e pesquisar as palavras relacionadas às contribuições de origem africana para o folclore brasileiro, montando um álbum ilustrado sobre cada uma dessas manifestações.
- Pesquisar e organizar um trabalho sobre os continentes, países e cidades citados no "Alfabeto Negro", no qual conste:
  - Localização;
  - Mapa;
  - Bandeira;
  - Língua falada;
  - Características da população;
  - Curiosidades sobre o lugar.

3 – Formação Humana

Um grupo de palavras do "Alfabeto Negro" poderá propiciar debates e reflexões essenciais sobre valores éticos, direitos humanos e relações raciais.

Sugestões:

- Selecionar palavras ligadas às religiões de origem africana. Pesquisá-las e montar um painel com os principais itens da pesquisa feita.
- Escolher cinco palavras que expressem sentimentos (fraternidade, igualdade, solidariedade, etc.). Promover um debate sobre a razão de essas palavras estarem relacionadas tão fortemente à cultura negra. Fazer cartazes com as conclusões para serem expostos.

4 – Educação Artística

A partir dos trabalhos que poderão ser desenvolvidos nesta área, os alunos terão a oportunidade de discutir e formar conceitos, refletir e tirar conclusões, bem como fazer análises e sínteses.

Sugestões:

- Selecionar grupos de palavras que inspirem produções artísticas, como expressão corporal, teatro, escultura, grafite, desenhos, pinturas, etc. para serem apresentadas na culminância do projeto.
- Confeccionar os instrumentos musicais e contar a sua história.
- Pesquisar as danças citadas e apresentar a sua coreografia na culminância do projeto.

5 – Culminância do Projeto

Será um momento de síntese. Os alunos terão a chance de apresentar os estudos realizados por intermédio de representações artísticas, dos painéis, murais, cartazes e de produções escritas.

O trabalho com esse material poderá criar a possibilidade de organização do mês da cultura negra ou da semana da consciência negra na escola. Será uma oportunidade para levar ao conhecimento da comunidade os trabalhos desenvolvidos e até promover o lançamento do livro confeccionado pelos alunos.

Os assuntos relacionados à raça negra não poderão ser tratados na escola apenas em datas especiais ou ficarem restritos à área da história. Devem ser tema para o projeto global da escola. Algumas datas propiciam um estudo mais aprofundado, com atividades especiais, por exemplo, o "13 de maio", que poderá levar a questionamentos sobre a abolição e a situação de exclusão e discriminação em que vive a grande maioria do povo negro; o "20 de novembro", Dia Nacional da Consciência Negra, que também cria excelentes oportunidades de reflexão, estudo e valorização desta cultura.

6 – Avaliação

Recomenda-se uma avaliação processual. O professor deverá estar acompanhar, analisar e avaliar cada atividade desenvolvida com os alunos. Alguns aspectos a serem avaliados poderão ser estabelecidos previamente com os alunos, tais como: organização dos grupos, iniciativa, quantidade e qualidade das fontes de pesquisa e organização final dos trabalhos.

Também poderá ser feita, no final do projeto, uma autoavaliação, para que o aluno reflita sobre seu desempenho no projeto e o que aprendeu.

7 – Referências Bibliográficas

A cultura negra é muito rica e nos remete a vários aspectos ainda pouco estudados no âmbito escolar. Para o embasamento teórico do professor, possibilitando uma intermediação crítica dinâmica e competente com os alunos, apresentamos algumas sugestões de leitura:

AMMA. Psique e negritude – *gostando mais de nós mesmos* – Quilombhoje.

BENTO, Maria Aparecida Silva. *Cidadania em preto e branco* – Discutindo as relações raciais. São Paulo: Ática, 1998.

CARVALHO, Marco Antônio. Cultura Negra. *Planeta,* maio/1988. (Edição especial).

CONFERÊNCIA NACIONAL DOS BISPOS DO BRASIL. *Ouvi o clamor deste povo* – Campanha da Fraternidade de 1988. São Paulo: CNBB, 1988.

FREITAS, Décio. *O escravismo brasileiro.* Porto Alegre: Vozes, 1980.

GONÇALVES, Luiz Alberto Oliveira. Discriminação e silêncio (A pedagogia dissimulada); Uma análise do tratamento que a Escola e os livros dão aos negros e sua cultura. *Leia*, n. 103, maio 1987.

GRUPO DE TRABALHO PARA ASSUNTOS AFRO-BRASILEIROS. *Salve 13 de maio?* : São Paulo: GTAAB, 1987.

MINAS GERAIS. Secretaria de Estado da Educação. Diretoria de Desenvolvimento Curricular. *Projeto Zumbi dos Palmares vai às escolas.* Belo Horizonte: SEE, 1996. (Roteiro para o Professor).

MOURA, Clóvis. *Quilombos – Resistência ao escravismo.* São Paulo: Ática,

——. *Brasil: raízes do protesto negro.* São Paulo: Global, 1983.

SANTOS, Joel Rufino dos. *O que é racismo?* São Paulo: Brasiliense, 1984. (Coleção Primeiros Passos.)

TRIUMPHO, Vera. *Rio Grande do Sul – Aspectos da negritude.* Martins Linheiro Júnior Editor, 1991.

VALENTE, Ana Lúcia E. F. *Ser negro no Brasil hoje*. São Paulo: Moderna, 1996.

Outras Sugestões:

Brincando com as Palavras

A palavra é uma pequena peça de uma engrenagem maior, que é a comunicação. Por trás de cada palavra, existem a vivência, a experiência, a cultura de todos nós. Brincando com as palavras, os alunos poderão ampliar sua capacidade de comunicação e enriquecer seus conhecimentos.

1 – PESCARIA DE PALAVRAS

Vamos "pescar" palavras escondidas dentro das palavras?

quilombo
quilo
lombo
ui

Agora é com você. Experimente!

capoeira	**humanidade**

Pesque no "Alfabeto Negro" outras palavras.

2 – ANAGRAMA

Observe: **Brasil < - > libras**

Com as mesmas letras de Brasil, você escreve libras. “Brasil” é um anagrama de “libras” e vice-versa.

Agora é com você. . .

Beleza	Nagô			

Procure no “Alfabeto Negro” outros exemplos.

3 – CAIXINHAS

No “Alfabeto Negro” estão relacionados alguns nomes de pessoas importantes ligadas às questões raciais ou à história do povo afro-brasileiro. Pesquise no “Alfabeto Negro”. Olhando o número de letras, procure colocar seus nomes nos lugares certos.

1 – ☐☐☐☐☐☐☐☐☐☐☐ ____________________

2 – ☐☐☐☐☐ ____________________

3 – ☐☐☐☐☐☐☐☐☐☐☐☐☐ ____________________

4 – ☐☐☐☐☐☐☐☐☐☐☐☐☐☐ ____________________

5 – ☐☐☐☐☐☐☐☐☐☐ ____________________

6 – ☐☐☐☐☐☐☐☐☐☐☐ ____________________

4 – CAÇA PALAVRAS

Na brincadeira abaixo você encontrará palavras relacionadas à cultura negra. Identifique-as e procure completar corretamente as frases abaixo:

w e w h t v d k a z l i g v a
j w r e s i s t e n c i a s u
k f e i j o a d a w e r g i g
l y q e f b a t a b a q u e t
p o u d e m o c r a c i a c e
f m i s c i g e n a ç ã o r h
ç s z i r t o e g ç m h y e m
f v o r m j ç t q a z ç h t y
k a m r a c i s m o r m h i p
l e b n l b a n z o a o e r s b
ç r a g t u n d l ç a o r v m x
c d i s c r i m i n a ç ã o o e
k t r e b u y ç o s w c h a f

1 – __________ é o regime político que se funda na soberania popular, nas liberdades civis, na divisão de poderes e no controle da autoridade.

2 – O __________ é a doutrina que prega a existência de raças inferiores e superiores.

3 – A preservação da cultura negra foi uma forma importante de __________ coletiva do povo negro contra a violência do escravismo.

4– Até 1988, a __________ racial era tratada como mera contravenção penal, isto é, uma prática menos grave do que o crime.

5 – O __________ é um instrumento musical africano.

6 – __________ é o nome dado à saudade mortal que os escravos (as) sentiam da África, quando cativos e ausentes de seu país.

7 – Estimular a __________ foi uma das estratégias escolhidas pela elite brasileira, que desejava "branquear" a população do Brasil, que era predominantemente negra.

8 – Não podendo realizar seus cultos religiosos livremente, os escravos associavam os orixás aos santos católicos, o que acabou gerando um __________ nos cultos afro-brasileiros.

9 – A __________ é uma dança dos negros angolanos. Ultimamente tem sido usada no Brasil como sinônimo de festa de confraternização entre homens e mulheres negras.

5 – PALAVRAS CRUZADAS

Consultando o “Alfabeto Negro”, complete as palavras cruzadas.

1 – Berço da civilização mundial. Segundo maior continente do planeta.

2 – Primeiro nome de um grande líder africano que lutou incansavelmente contra o *Apartheid* na África do Sul. Preso em 1962, libertado em 1990 e eleito presidente em 1994.

3 – Religião afro-brasileira que durante muito tempo foi visada, perseguida e proibida pelas autoridades civis e religiosas do Brasil.

4 – É fundamental na cultura africana. É energia, força vital que constitui e mantém dinamicamente a ordem cósmica.

5 – Na África era uma luta guerreira associada às cerimônias religiosas. No Brasil, ela se disfarçou de dança para enganar os senhores de engenho.

6 – Significa “aquela que sustenta todos com os peixes”. No sincretismo, é Nossa Senhora Aparecida.

7 – Terra de pirâmides, da esfinge e da Rainha Cleópatra.

8 – Cruzamento inter-racial.

9 – Divindades das religiões afro-brasileiras.

10 – Conjunto de povoações que abrigavam escravos que buscavam a liberdade.

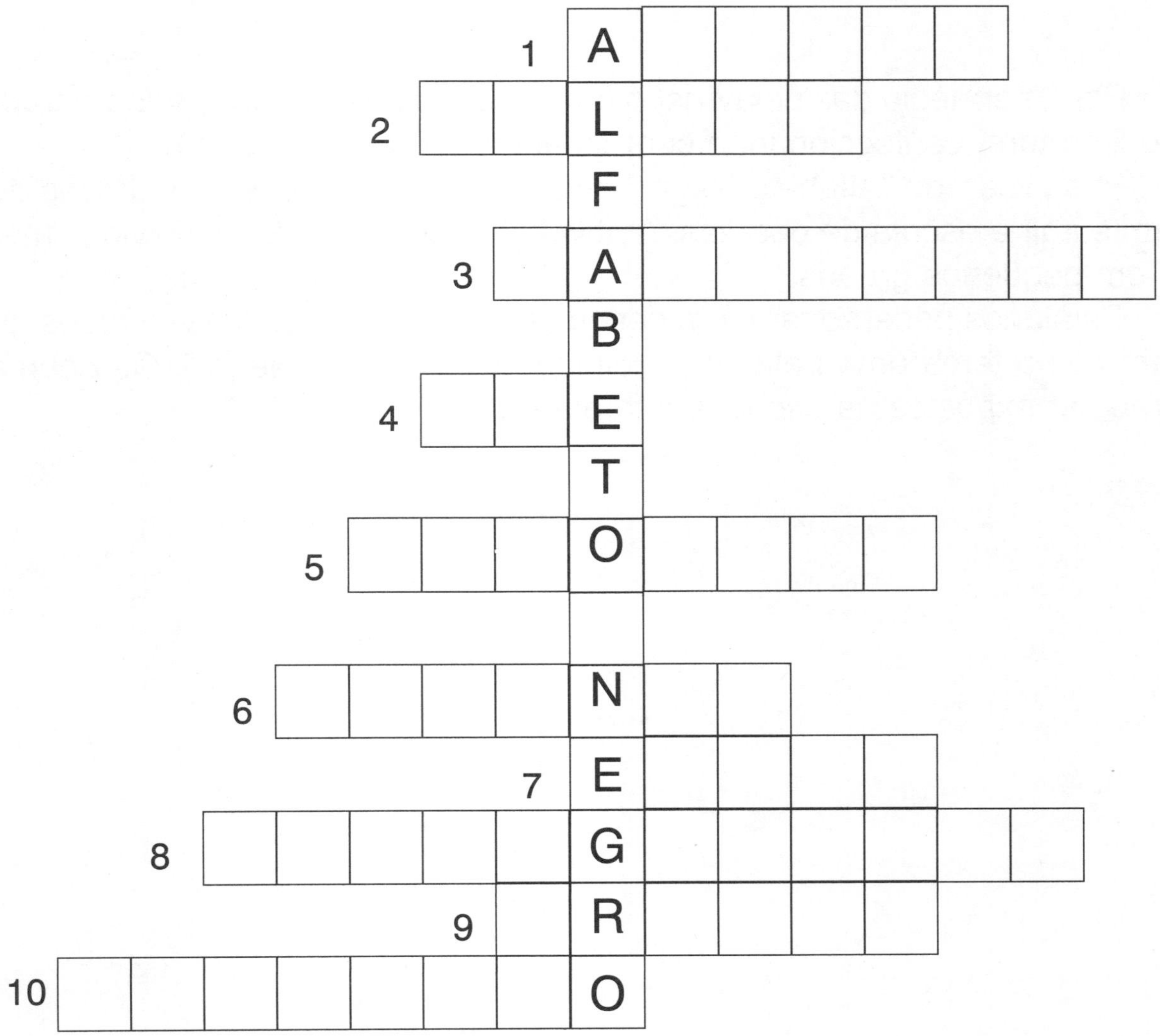

6 – VARAL DE POEMAS

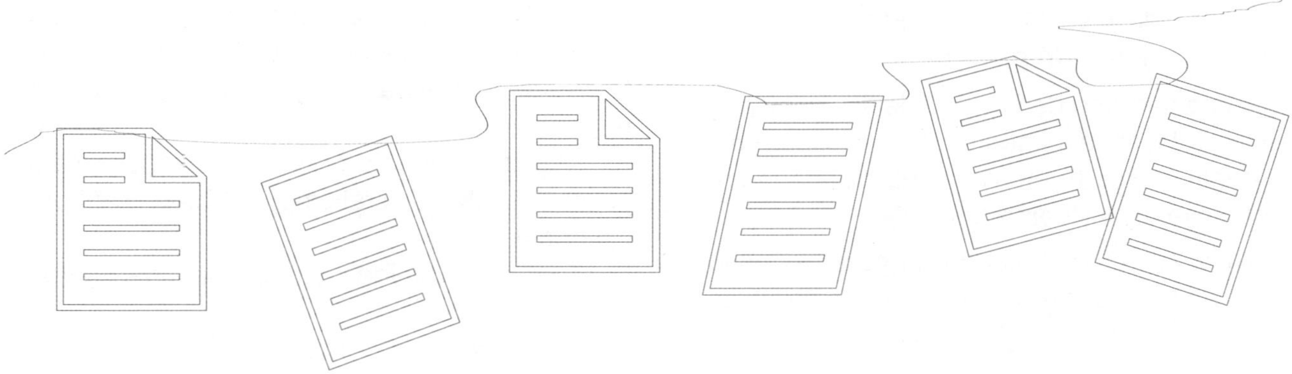

Por intermédio das palavras, o professor poderá desenvolver um trabalho de literatura, confeccionando com os alunos o "varal de poemas".

Pesquisar no "Alfabeto Negro" uma palavra ou grupos de palavras que fizeram surgir a escrita de poemas. A atividade poderá ser feita individualmente ou em pequenos grupos.

Os alunos poderão também pesquisar poemas de autores diversos que tenham como tema uma palavra escolhida no "Alfabeto Negro". Os poemas deverão ser expostos na escola em forma de "varal".

* * *

Glossário

ALEIJADINHO: Antônio Francisco Lisboa, chamado *O Aleijadinho,* nasceu em Ouro Preto, Minas Gerais, em 1730, e morreu na mesma cidade em 1814. Escultor e arquiteto, foi o artista mais importante do Brasil colonial. Vítima de uma doença mutilante, viu-se obrigado a usar o martelo e o cinzel atados às mãos para poder esculpir, em estilo barroco, a maior parte de seus púlpitos, altares, portadas, imagens e estátuas, de muitas igrejas de Minas Gerais.

AUTO-ESTIMA: *imagem ou conceito positivo de si próprio.*

Para os homens negros e as mulheres negras, a construção de uma imagem positiva, essencial para o desenvolvimento da auto-estima, foi sempre dificultada. Vivendo em uma sociedade que os discrimina, eles internalizam imagens negativas de seu povo e de si próprios.

Espera-se que, gradativamente, esse quadro possa ser mudado. Através de um maior conhecimento e valorização da cultura africana, os afro-descendentes poderão se auto-afirmar etnicamente e construir sua identidade, elevando sua auto-estima.

BANZO: saudade da África. A tristeza dos negros escravizados, na forma de saudade da sua terra natal, era tão grande que levava ao enlouquecimento ou à morte. Muitos negros, tomados pelo *banzo,* suicidavam-se comendo terra, enforcando-se ou envenenando-se.

CANDOMBLÉ: religião de origem africana que cultua as energias da natureza na forma de orixás. A sede onde se pratica a religião. Ex.: Roça de candomblé (igual a terreiro).

O candomblé significou para o escravo um elo com o mundo africano de onde foi arrancado. Essa religião, sem dúvida, foi um mecanismo de resistência cultural.

CONSCIÊNCIA: *conhecimento. Noção. Idéia. Noção do que se passa em nós. Percepção mais ou menos clara dos fenômenos que nos informam a respeito da nossa própria existência.*

Consciência negra: reconhecimento de suas origens étnicas. Afirmação da identidade racial. Orgulho e valorização das raízes africanas.

CULTURA: *é o modo de vida de um povo, o ambiente que um grupo de seres humanos, ocupando um território comum, criou, na forma de idéias, instituições, linguagem, instrumentos, serviços e sentimentos.*

Cultura negra: os povos africanos tinham uma forma própria de organização social e uma maneira de se relacionar com o meio ambiente que era muito diferente daquela propiciada pela visão de mundo européia.

Na cultura africana, a pessoa humana é vista como uma totalidade integrada à terra e à natureza, cujos elementos são deificados. Os valores morais, sociais e ecológicos representam-se através das religiões, dos ritos e das artes em geral.

O Brasil é herdeiro dessa cultura que nos influencia há mais de 400 anos!

DEMOCRACIA: *é o governo no qual o povo, titular da soberania, ou a exerce diretamente ou por meio de seus representantes. Geralmente define-se democracia como o governo do povo, pelo povo e para o povo, querendo, com isso, dizer que, na democracia, o povo além de titular da soberania, a exerce por si mesmo, ou por delegação expressa em benefício do próprio povo.*

Democracia racial: a ideologia da democracia racial preconiza que as relações raciais no Brasil foram construídas através de interações sociais predominantemente harmônicas e tolerantes; que os senhores de engenho foram generosos e afetuosos com os africanos escravizados.

Ainda hoje existem defensores desta idéia, apresentando o Brasil como um "paraíso racial" de negros e brancos. Mas sabemos que essa ideologia foi uma estratégia perversa para impedir o povo negro de perceber o caráter racista da sociedade e do Estado brasileiro e de se organizar politicamente.

DESCENDÊNCIA: *série de indivíduos que procedem de um progenitor comum.*

Descendência afro-brasileira: diz-se dos indivíduos que nasceram no Brasil, mas que têm sua origem nos africanos que foram trazidos como escravos para o Brasil.

DISCRIMINAÇÃO: *ação de discriminar; separação, distinção, tratamento desfavorável.*

Discriminação racial: tratamento depreciativo dado a pessoas de determinada raça. Os afro-descendentes são vítimas da discriminação racial. Pela atual legislação brasileira a discriminação racial é crime imprescritível, inafiançável e prevê reclusão.

ESCRAVIZAÇÃO: *ato de escravizar. É a redução de um ser humano à condição de escravo.*

Escravização no Brasil:no século XVI, os africanos foram trazidos como escravos para o Brasil. O sistema escravista perversamente transformava homens e mulheres negras em "coisas", tentando destruir sua identidade, sua cultura, suas lembranças. Esse sistema se prolongou por três séculos e meio.

HEITOR DOS PRAZERES: músico popular e pintor brasileiro. Nasceu no Rio de Janeiro em 1898, onde faleceu em 1966. Autor de sucessos como *Mulher de Malandro, Pierrô Apaixonado, Lá em Mangueira.* Pintor autodidata, aproveitava como temas cenas do samba, da macumba e do trabalho rural.

IDENTIDADE: *é o conjunto de caracteres próprios e exclusivos de uma pessoa. Consciência que alguém tem de si mesmo.*

Identidade étnica: "éo reconhecimento, por parte de indivíduos e grupos, de pertencer à determinada tribo ou povo. A existência de traços comuns como fenótipo, cultura e história é a base para a construção da identidade étnica." (citado por Diva Moreira in Zumbi dos Palmares vai às escolas – SEE, Belo Horizonte, 1996 (apostila)).

JOÃO CÂNDIDO: *principal líder da revolta dos marinheiros. Gaúcho de Encruzilhada, ele passou à história como o "almirante negro", o primeiro e único marujo a comandar uma armada.*

A revolta dos marinheiros, iniciada em 22 de novembro de 1910, foi um protesto contra o uso da chibata e de outros castigos físicos infames, e por melhores condições de vida e trabalho para os marinheiros. Estes, em sua maioria, eram negros. O governo foi obrigado a ceder.

Essa revolta se tornou um marco da resistência negra na história do Brasil.

JOSÉ DO PATROCÍNIO (1854–1905): jornalista, orador e escritor. Uma das mais destacadas figuras da campanha abolicionista. Filho de uma escrava alforriada e do Cônego João Monteiro, não lutou pela abolição apenas por meio da palavra; foi além, chegando a dar fuga a escravos e a criar núcleos abolicionistas. Foi membro fundador da Academia Brasileira de Letras.

LIMA BARRETO (1881–1922): um dos mais importantes escritores de romance urbano e de crítica social no Brasil. Os personagens dos seus livros são gente humilde dos subúrbios cariocas. Principais obras: *Recordações do Escrivão Isaías Caminha e Triste Fim de Policarpo Quaresma.*

LUIZA MAHIN: nascida na África, foi uma das principais organizadoras da Revolta dos Malês, na Bahia, em 1835. Fugiu da repressão e foi viver no Rio de Janeiro, onde também participou de muitas revoltas.

MACHADO DE ASSIS (1839–1908): um dos maiores escritores da língua portuguesa. Escreveu romances, contos, poesias, crônicas e peças de teatro. De família humilde, foi criado no morro do Juramento, Rio de Janeiro. Trabalhou a maior parte da vida como funcionário público, mas escrevia também para os jornais da época. Em seus romances e contos criou uma linguagem nova e aprofundou a análise social. *Dom casmurro* e *Memórias Póstumas de Brás Cubas* são seus romances mais importantes.

MISCIGENAÇÃO: *cruzamento inter-racial. Mestiçagem.*

A miscigenação, que tem uma característica espontânea e natural, foi transformada pelas elites brasileiras em estratégia visando ao branqueamento, melhoramento da população do Brasil, que era predominantemente negra.

NAGÔ: forma designativa dos grupos étnicos da África Ocidental (Nigéria e Gana) de cultura Iorubá. Os Nagôs tiveram grande influência social e religiosa no Brasil, conservando, por meio dos processos de aculturação, seus mitos e tradições sacras do candomblé, os instrumentos musicais e a culinária que se tornou típica na Bahia.

NEGRITUDE: *condição das pessoas de raça negra. Conjunto de valores culturais e espirituais do mundo negro.*

A valorização da negritude tem sido uma das estratégias escolhidas pelos movimentos sociais negros para a elevação da consciência da comunidade afro-brasileira, para a luta contra o racismo e suas mais diversas manifestações.

NELSON MANDELA: é o maior líder negro vivo. Nasceu na África do Sul, em 1920. Aos 23 anos fundou a *Liga da Juventude do Congresso Nacional Africano,* para lutar contra o regime branco de forma mais ativa. Dirigiu a campanha de desobediência civil às leis racistas do *Apartheid.* Foi preso em 1962 e permaneceu na prisão até1990, apesar dos movimentos internacionais de solidariedade. A partir de sua libertação, Mandela retomou a direção do Congresso Nacional Africano e orientou o processo de negociações que levou ao fim do *Apartheid.* Foi eleito Presidente da África do Sul de 1994 a 1999.

PIXINGUINHA (1898–1973): saxofonista e compositor popular brasileiro, é autor de composições de grande sucesso, como *Carinhoso, Rosa, Ai eu queria, Mentirosa* e *Por quem sofrer.*

QUILOMBO: *aldeia organizada por negros que fugiam da escravidão. Estas comunidades proliferaram como sinal de protesto contra as condições desumanas a que os escravos estavam sujeitos.*

Existiram muitos quilombos espalhados pelo Brasil. Palmares foi o mais importante deles.

Os quilombos foram refúgio de muitos brasileiros que eram marginalizados pela sociedade escravista. Formavam uma sociedade multiracial composta de negros, índios e brancos pobres.

RACISMO: *trata-se de uma estrutura de poder, de dominação, baseada na ideologia da existência de uma hierarquia entre as "raças" humanas, estando na base os negros e todos os povos não-brancos e, no topo da hierarquia, os brancos ou euro-descendentes.*

No Brasil não existem leis segregacionistas, nem que proclamem oficialmente a inferioridade do povo negro. Também não se registram grandes conflitos públicos e violência racial. Mas uma das várias formas de perceber o racismo no Brasil é verificar a situação de desigualdade e exclusão da população negra em relação e população branca.

REMANESCENTE: *que remanesce, que resta. O que fica de um todo depois de retirada uma parte.*

Remanescentes de quilombos: são comunidades negras, descendentes dos quilombolas. Em 1988, o artigo 216 da Constituição Federal incluiu os "remanescentes de quilombos" como integrantes do patrimônio histórico do país e o artigo 68, das "Disposições transitórias", garantiu o direito de propriedade sobre as terras que ocupam.

O Governo Federal vem fazendo o mapeamento destes quilombos, mas ainda não se tem o número preciso deles. São geralmente isolados e em terras remotas.

RESISTÊNCIA: *oposição, reação, recusa de submissão à vontade de outrem.*

Resistência negra: foram as formas de reação do povo negro contra a violência do escravismo. Resistência para conservar sua humanidade, para não perder sua identidade cultural.

A resistência negra aconteceu através de fugas, suicídios, assassinatos de senhores, feitores e capitães do mato; rejeição ao trabalho e também por seus cultos, rezas e danças. A formação de quilombos foi a forma mais elaborada de resistência empreendida pelos escravos. Lamentavelmente, essa história da resistência do povo negro brasileiro ainda não foi bem contada pela história oficial.

SINCRETISMO: *sistema que consiste em conciliar os princípios de várias doutrinas.*

Os africanos que chegavam ao Brasil eram povos de diferentes culturas e etnias. Com o tempo começavam a mesclar cultos, crenças e deuses.

O sincretismo de divindades africanas com santos católicos foi adotado como forma de fugir à perseguição da igreja, que condenava as religiões africanas. Foi também uma forma de resistência adotada pelos africanos no Brasil para poderem manter o culto ás divindades, aos orixás.

TEN: Teatro Experimental do Negro–TEN. Criado em 1944, foi uma das organizações negras que estimularam a participação política e cultural dos afro-descendentes. Esse grupo, liderado por Abdias do Nascimento, apresentava peças sobre a vida e a luta do povo negro.

ZUMBI: *o nome Zumbi, para alguns historiadores, significa "Deus da guerra".*

Zumbi foi o último chefe guerreiro do Quilombo dos Palmares.

Hoje, Zumbi é o principal símbolo de resistência do povo negro. Só muito recentemente é que foi reconhecido como herói nacional, pois as revoltas de Palmares foram ignoradas ou tratadas como episódios marginais pela história oficial brasileira.

Ele morreu no dia 20 de novembro de 1695, aos 40 anos de idade.

P.S.: Bibliografia consultada para os conceitos de ***cultura*** *e* ***democracia****, respectivamente:*

Nova Enciclopédia Barsa, São Paulo: Encyclopédia Britânica do Brasil Publicações, 1998.

Enciclopédia Mirador Internacional, São Paulo: Encyclopaédia Britânica do Brasil Publicações Ltda.

Bibliografia Consultada

CASCUDO, Luis da Câmara. *Dicionário do folclore brasileiro*. 5. ed. Belo Horizonte: Itatiaia, 1984.

DONATO, Hernâni. *Dicionário de mitologia*. 2. ed. São Paulo: Cultrix, 1989.

FERNANDES, Francisco Luft P. C., F. , Guimarães M. *Dicionário Brasileiro Globo*. Rio de Janeiro: Globo, 1985.

FERREIRA, Aurélio Buarque de Holanda. *Novo dicionário Aurélio*. 2. ed. Rio de Janeiro: Nova Fronteira, 1986.

FERREIRA, Aurélio Buarque de Holanda. *Novo dicionário da língua portuguesa*. Rio de Janeiro: Nova Fronteira, 1977.

KOOGAN, Houaiss. *Enciclopédia e dicionário ilustrado*. 4. ed. Rio de Janeiro: Edições Delta, 1999.

SELEÇÕES DO READER'S DIGEST. *Dicionário Enciclopédico Koogan* – Larousse. Lisboa, Rio de Janeiro, Nova Iorque.

Este livro foi composto em tipologia Arial, corpo 14/17,5 e
impresso em papel Offset 75g/m² para o miolo e Cartão 250g/m²
para a capa, no mês de dezembro do ano de dois mil e onze.